Yo nací del fruto de un amor entre mi madre de ascendencia gallega y mi padre de ascendencia risueña. Soy la tercera de tres hermanos y la única chica. Como podéis imaginar la niña mimada, que ahora ya no es tanto. Tengo unos hermanos ideales y unos padres y familia que no la cambiaría por nada del mundo , pese a los problemas.

Este es un libro que os relató varias situaciones como atentados , sueños , anécdotas todo visto desde mi punto de vista. Soy una persona con discapacidad sikica , una enfermedad que muy poca gente entiende y nos valora.

Nací en Donostia (san sebastian). Criandome en Trincherpe. Desde un añito que tenía. Nos hemos criado entre gallegos y portugueses. Son familias de marineros que emigraron aki, por el puerto de Pasai . Gran puerto pesquero. Aki os dejo con todo lo que tengo en mi mente desde niña y cosas inexplicables.

Introducción:

Laila es una niña feliz que se crió ambiente jovial y alegre muy carismático. Jugando con sus amigos y primos muy carismático. Os va a sorprender esto qué es verdad.

Les voy a desvelar una situación como otras muchas que fueron a través de los años impactantes, para mis ojos y todo aquel que lo escuché le titular hemos las gemelas…

1. *LAS GEMELAS E.E.U.U. O LA PAZ BIDEBIETA:*

Todo comenzó cuando paseamos mis amigos y yo por Mendiola camino del faro de la Plata dónde se mantenían en pie muchos de los turrones antiquísimos de la Guerra Civil Española.

Estaba de ser las entradas de barras de hielo de hierro ya roñosas eran continuadas y dónde empieza una acaba la otra kilómetros y kilómetros…

Yo tenía alrededor de 8 años sería 1986/1987. Como cuando hasta 20 niños solemos pasar los túneles túnel a túnel divertido.

Un día se nos ocurrió llevar una linterna cuando de adelante se guiaba y el de atrás le prefería como el pasaje del terror. Ese gran día fue cuando coco José Ángel Leishmania Omar y yo fuimos a parar a un camino nuevo por el cual habíamos pasado era tremendamente largo, no se veía el final de la cueva la llama por la cueva de Álvaro.

Los problemas de un carrete de pita de pescar y una linterna y el perro de coco zar en pastor alemán bien adiestrado. Dentro de la cueva tenemos que circular por el lado izquierdo al lado derecho había un gran canal de agua y para irse puede circular.com mira como los túneles antes de la guerra civil código de barras de hierro en la entrada. El túnel de contrabando comenzar me dio una cala y la entrada de la pequeña que yo y no caberia.

Estamos en la entrada la pita jamás habíamos recorrido una cueva si teníamos la inquietud como cuando somos pequeños nos gusta la aventura todo lo que pinta de ser impresionante: comenzamos y la pita no llego a la mitad de la cueva el túnel mejor dicho, ayer fue donde nos quedamos libanés yo punto con mucho miedo y sin linternas sin verla salir tan siquiera yo marico continuaron hasta el final del túnel punto sin pita y Cózar adelante… fue el momento que limbania chillo :

- Omar :

y yo le contesté:

-No chilles que se derrumba…

Finalmente volvieron a nuestra búsqueda y nos dirigimos los 4 más dar al final del túnel cuando come dijo cuando terminamos el túnel mira ahí están las gemelas: son dos torres que hay en La Paz Bidebieta Donostia-San Sebastián.

Con el transcurrir de los años os daréis cuenta….. el atentado en mi mayor de las Torres Gemelas en el World Trade Center. Yo dormía durante el atentado y trabajar a las 16. Vinieron Nacho llamar a mi bar a ver cómo surgía el atentado y estamos completamente y dos con todo lo que estaba ocurriendo no nos lo podíamos creer. Todos estamos en estado de shock y fue cuando Nacho me dijo:

-       Se derrumba…

Villena pantalla del televisor y si vi que la primera torre se derrumbaba y fue cuando recordé que Limbania chilló.:

-OMARRR..

Y yo la dije:

-No chilles que se derrumba.

Qué ocurrió en estos momentos yo no sé si fue un momento ya vivido dejavu ok Google fue pero no me lo digas todavía hoy en día…

Os voy a contar como tuvimos pesadillas mi madre y yo en relación con un fatídico accidente que tuvo mi hermano los 21 años.

Yo llegue a soñar una noche que estábamos en Marruecos y subimos a una azotea y ahí atraparon los vampiros a mi hermano y yo no lo podía liberar de ellos , fue entonces cuando me desperté y me fui a mirar hacia su cama y le dije que estaba ahí dormido.

Otra noche soñé que mi hermano caía el agua junto con un amigo Ivonne y yo con una piedra debía salvarlo a uno al otro , uno estaba en la zona roja y otra azul y tire la la piedra a la zona azul y salve al amigo de mi hermano Ivonne. Entonces mi hermano morir en el sueño y fue cuando me levante rápidamente la cama otra vez de el y durmiendo y me quede tranquila.

Sin embargo el sueño que tuvo mi madre era una noche que estamos ahora Omar Josef y yo jugando a la ruta del Tesoro y de repente vino mi madre llorando a rabiar , preguntándole a Omar:

- Omar estás bien?
- Sí porque amo estoy bien.
- Porque sueño que te cogí en brazos y te movía porque parecía sus muerto y qué hacías más pequeño y cuanto más se movía más pequeñas como un osito de peluche.

Mi madre llorando se marchó al ver que estaba bien y se fue a continuar durmiendo y no querer meter a un simple sueño como los míos.

A los años un amanecer recibos una llamada que Omar tenía 21 años en aquel momento en el que nos decían que había sufrido un accidente gravísimo y que tiene las piernas catastróficas. Yo no sé si todo esto tuvo que ver con los sueños o no pero fue como una premonición y todavía no me lo explico pero bueno hoy es el día que mi hermano está muy bien se recuperó de las operaciones y sigue la vía delante como una persona cualquiera una persona enorme. Para el no existe ninguna barrera inalcanzable.

Esto nos ocurrió a Limbania , a su hermana Vanessa y a mi . Yo simplemente tenía nueve años y Limbania me sacaba dos . Entonces , ella amaba la iglesia el coro y le iba lo paranormal mucho , aquel día fuimos a Mendiola , el monte que antes les nombre y allí en la cima había un fuerte en ruinas.

Nosotras llevábamos un magnetófon y pretendíamos hacer sicofonias , pensando que sería imposible lograrlo. A nuestro lado 20 metros había un grupo de chicos y nosotras continuamos con lo nuestro. Comenzamos a grabar y al rato le dimos a la grabación a reproducirse y fue cuando escuchábamos sonidos y ruidos , que no tenía que ver con los ruidos que hacían los chavales y lo volvimos a escuchar , eran como respiraciones e continuas y no era de ninguna de nosotras .

Jamás lo olvidaré y no me lo podré explicar nunca , pero no he vuelto a intentarlo por el miedo que pase aquel día.

Las sicofonias es cuando por medio de una grabadora encuentras sonidos voces ruidos que son producidos por espíritus que se encuentran en un lugar concreto acorralados , dicen que puede ser por haber tenido una muerte drástica.

La historia de Ariadna es muy dura y la marcó para toda la vida desde su niñez. Ella había siempre sido el centro de los amigos, miradas etc. Todos los niños querían ser sus novios y la querían besar.

Pero todo comenzó cuando una tarde, como otras muchas, ella jugaba junto con sus hermanos y primos. Esa tarde jugaban a ser profesores y alumnos : el primo mayor era el profesor, la habitación el aula y la sala el parque de recreo. Ellos jugaban y Ariadna le tocó quedarse castigada durante el recreo.

Ella simplemente tenía 5 años y su primo cerca de 9 años, durante ese recreo el se dedicaba a bajarla el pantalón y acariciarla. Ella no sabía ni que significaba eso, ella no era consciente, pues esto ocurrió durante años y después ocurría en cualquier lugar, en cuanto se quedaban a solas y ella un día viéndolo todo tan normal, intentó tocarle ella a él y el se echo para atrás.

Fue entonces cuando se dio cuenta ella de que aquello no era nada normal.

Con los años ella se sintió fatal consigo misma y llegó a odiar a los hombres. Se echaba toda la culpa a ella y la marcó en toda su adolescencia. Vestía como un chico. Cuando ya tenía 37 años fue cuando viendo todas las denuncias contra la iglesia, ella se dio cuenta que todo aquel juego de niños eran abusos sexuales que ella había sufrido y descubrió con la manera de hacerlo todo su primo con lo pequeños que eran los dos. Lo único que ella entendió que el también fue víctima de abusos por parte de los frailes de su colegio. Algún fraile hasta salió abandonando los ámbitos y llegándose a casar.

Esta es la forma en la que ella a salido de toda aquella pesadilla y que le ha permitido seguir en pie y continuar con su vida. Hoy es el día en el que vive en matrimonio con sus hijos y es feliz sin odiar a nadie y se dio cuenta que los dos fueron víctimas.

Me doy permiso para ver la vida tal como me dijeron en la infancia:

tal como carencias, miedos y pecados.

Me permito empezar a escribir poemas o relatos o pintar o esculpir o cantar

: descubrir, hacer música osea en definitiva vivir.

Me doy permiso para no tener miedo ante lo desconocido:

¿Por qué habría de ser malo o difícil lo que me espera?

Me doy permiso para no complicarme la vida innecesariamente.

Me doy permiso para dar y hacer o no hacer muy suavemente lo que me apetezca.

Me doy permiso para equivocarme no una sola vez:

Sino todas cuantas veces me suceda.

Me doy permiso para no involucrarme en embrollo emocionales, amorosos, laborales

O de cualquier otro tipo. Decido no continuar con el juego de víctimas y verdugos.

Me doy permiso a no sufrir angustia esperando una llamada de teléfono,

Una palabra, amable o un gesto de consideración.

Soy yo quien me valoro, me acepto y me aprecio.

Me doy permiso para no estar a la espera, para no vivir esperando.

Me doy permiso para gozr de buena salud y plena salud.

Me doy permiso para no comprometerme rígida mente con nadie.

Me reservo espacios y vivencias para mi sola.

Me doy permiso para la espontaneidad y la autenticidad.

Me doy permiso para ser fría y distante con todas las personas que yo decida.

La ternura, la calidez y la proximidad me las reservo para quien yo quiera.

Me doy permiso para no intentar controlarlo todo.

Me doy permiso para relativizar la mayor parte de las cosas de la vida y poner humor en mi existencia.

Me doy permiso para no estar al día de muchas cuestiones de la vida:

No necesito tanta información.

Me doy permiso para crecer y continuar mi proceso de desarrollo personal sin que sea acostá del sufrimiento.

Me permito no dejar entrar en mi mundo a las personas que Dan problemas en situaciones

Para que los demás les prestemos atención.

Me doy permiso no solo para perdonar a otras personas, sino también y especialmente,

*Para sentir que soy perdonada yo misma en mis equivocaciones. Me doy permiso, más importante de todos, a ser auténtica.   * CANDICANDI**

Recuerda, este dolor no está diseñado para ponerte tris, este es el punto que sigue perdiendo la gente….

El dolor está ahí para que seas más espabilado, porque las personas se vuelven más atentas solo cuando la fecha entra profundamente en su corazón y les hace daño.

De lo contrario, no se despierta la mente. Cuando la vida es fácil, cómoda y te va bien. ¿A quien le importa? ¿Quién se preocupa por espabilar se?

Cuando muere un amigo, es posible, cuando tu mujer te deja solo, en estas noches oscuras, te sientes solo. Has querido tanto a esta mujer, apostaste todo y de repente, un día, se ha ido.

Llorando en soledad, aquellas son las ocasiones, cuando sí las empleas, puedes volverte consciente.

*La fecha te hace daño: la puedes emplear. El dolor no está diseñado para abatir te, sino : ¡para que seas más consciente! Y cuando seas más consciente la pena desaparece.   *CANDICANDI**

Y hay un momento en el que nos toca decidir, si cerramos el pecho y abandonamos el corazón, o si abrimos el alma y olvidamos la razón.

Podemos volvernos piedra pero también pluma.

*¡Aunque se que puedo caer, yo, prefiero siempre volar!   *CANDICANDI**

Hoy es el día que me he dicho que ciega estaba, bueno os lo voy a contar. Yo de niña fui al Colegio Público Virgen del Carmen. Aquella era la época en la que existía la E. T. A. Y yo en el colegio, estábamos rodeados por los hijos de los nacionales destinados en San Sebastián. Tenían hasta su propio edificio.

Todos esos niños con los años se tuvieron que marchar a sus comunidades junto con sus familiares y ya nada supe de ellos. Pero había uno que era especial para mí. Jesús PACHECO Corrales. Recuerdo su cara de niño y nos carteabamos, se que fue inscrito en el seminario Diocesano de San Aton creo recordar. Alguna llamada recibí de él, pero llego un momento que ya no supe nada de él y llegábamos a pensar que habría sido de nosotros si nos hubiéramos mantenido juntos.

Pues con los años conocí a un feriante que llegó a ser mi primer novio, el se hacía llamar júnior. Era rubio de ojos marrones le gustaba el fútbol. Yo sabía que el era especial para mí, yo me fui dejando la relación y me fui 1200 kilómetros durante dos meses ha ver a mi familia por parte paterna. Y júnior no dejaba de llamarme por teléfono gastándose un dineral. Cuando volví yo no quise continuar con el.

Hoy es el día que me he dado cuenta que Jesús Pacheco y júnior son la misma persona y el me lo ha mantenido en secreto siempre. Todavía no se porqué todo este secretismo..

En el año 2001 solía frecuentar un after llamado Goitibera. Pasaba muchas madrugadas iba después de trabajar en en centro de ocio Illumbe. Allí solíamos jugar al fútbolin al billar etc. Y consumía os altas dosis de alcohol. Llevaba mucho tiempo observando a un chico.. Bastante más mayor que yo y era estatura media y calvo de ojos azules, le llamaban PELUSO.

Tenía ese mote porque había viajado tanto a Colombia de donde tenía una mujer y por Marruecos. Me enseño fotos de aquellos viajes. Lo que nunca me enseño fue el torso desnudo. A mi me picaba la curiosidad y un día que el estaba más bebido de la cuenta, yo le quite la camisa y fue cuando le vi una cicatriz de como si fuera un tiro de bala y alrededor rodeando el tiro una cicatriz enorme en curva. Jamás hablamos de ello.

Era un hombre que se relacionaba con gente peligrosa y bastante más mayor que yo, entonces yo decidí dejar la relación. Continuo llamándome y la última vez que le conteste, nos dijimos:

- ¿Qué laila quieres que quedemos?
- Si ¿ donde quedamos?
- Te espero en gros. Que ya verás que sorpresa te vas a llevar.

Yo no fui, porque como os he dicho lo tenía miedo a el y todo aquello que lo rodeaba. En unos pocos días. Salió en todos los diarios y noticias, que un grupo del ejército magrebi, había instalado una bandera de Marruecos y los tuvieron que sacar a la fuerza de allí. Tuvieron que mandar a las personas encargadas de asuntos exteriores que en aquellos momentos era Ana Palacio, creo recordar, ha negociar porque casi vamos a guerra España contra Marruecos. Esa isla la llamaron LAILA, quiero pensar que todo fue una casualidad, pero hoy es el día que me queda como que sigo dudando.

Una noche como otras muchas más yo tomaba una copa en Donosti en un pub, tal noche no fue como las demás, conocí a la mujer, de la cual contaré como fueron sus inicios en el mundo de la prostitución y hasta me explicó, cual fue el motivo por el que decidió iniciarse en esa aventura.

Maite era guapísima era diferente, entrada en unos kilitos pelo corto, morena de piel y de pelo . Ahí por donde iba llamaba la atención a todo tipo de hombre.

Yo reconozco que porque ella se decidió, a narrarme todo lo que había vivido, en un pasado no muy reciente.

Ella era una mujer trabajadora y muy cariñosa, simpática, abierta y con muchas ideas de negocio. Lo que le ocurrió, es que su cuerpo perfecto , se le fue deteriorando con el paso de los años. En ese momento, que no era el ideal para ella, conoció a un hombre estupendo. La lleno de ilusiones, viajes y ya con el tiempo, el comenzó a humillar la. Delante de amigos, familia, comenzó el a relacionarse con otras chicas : al lado de Maite eran más estupendas que ella. Pero no tiro la toalla y le dio oportunidad a mejorar todo hablándolo y discutiendo lo. No hubo forma, el continuaba haciéndola sentir lo peor del mundo, diciéndole, tu no vales para nada, tu familia no te quiere, tienes unos amigos que son una basura.

Ella estaba ya completamente arruinada, con baja la moral el ánimo, el fisico: completamente hundida.

Yo lo primero que le comenté fue, que esa relaccion ella la habría abandonado, yo pensé. Es lo más lógico. Y fue la sorpresa que me dio cuando me contó, que no abandono la relaccion. Se había pegado una juerga una noche con una amiga que le confesó que era prostituta y ella le dijo, que también sería capaz de hacer lo mismo y se contaron muchísimas intimidades. Le dio varios consejos y ella comenzó a salsear en ese ambiente. Comenzó a vestir bien, a maquillarse , en definitiva a quererse de nuevo y hacerse querer por infinidad de hombres. Cual fue la sorpresa cuando se lo contó al novio y el no reaccionaba, no crellendola y sorprendido. Porque el no espera esa respuesta de Maite. Había sufrido mucho en silencio y estoy muy orgullosa de ella y de compartir la experiencias, que os contaré continuación.

Como os iba contando Maite tuvo múltiples situaciones y contactos, con abogados, dj. S., taxistas, monitores de zumba, futuros ertzainas y gente estupenda : jóvenes recién emancipados, orgullosos de sus vidas y con. Mucha gana de compañía.

Uno de los días, ella tenía problemas de paranoia y esquizofrenia, aún medicandose fue a casa de un hombre ebanista y vivía en un lugar en el monte como una comuna. Eran casas construidas en el medio del monte fabricadas a mano...

Era guapo aquello, ella en aquel instante dudo de la persona y decidió sin conocerla, poner la ubicación. No tenía buen presentimiento y tenía miedo del lugar aquel. Entonces llegaron a la casa después de subir peldaños echos con baldosas, mal alineadas. Dieron con la casa era acojedora y estaba muy bien decorada, ellos metidos en lo suyo comenzaron a tocar se y acariciar se, besándose y desnudandose.

Todo era bonito tenía yacuzzi en medio del salón pero fue cuando ella se dio cuenta, que tenía un tronco cerca del sofá y con el hacha clavado en él. Maite se puso muy nerviosa e inquieta deseando que todo acabase. Pasaron mil ideas por su cabecita en esos 60 minutos, pensando que la podía asesinar descuartizar la y perderla en el monte, donde jamás nadie la encontraría nunca.

Otro momento muy duro, por su valentía, fue el momento que ella acepto ir a una villa en una urbanización y como el hombre estaba casado, después de media hora en coche, el le dijo de ponerse ella en el lado trasero del coche y taparla con una manta. Y ella le dijo que, era cierto nadie por qué no la vieran los vecinos. Pero ella con su imaginación no hizo más que pensar que tenía pavor y sus piernas temblaban en aquellos momentos. Fueron a dar a un garaje y ella no sabía si saldría de aquella casa donde nadie la vio jamás entrar.

En otra situación era a sus principios ella llevaba varios días teniendo cita con una persona muy gentil agradable y romántico. Pero aquel día ella recuerda su llamada y le insinuó el que quería quedar con ella, llevar un casco y unos guantes y realizar todo aparentando ser una violacion.

Tal vez eso era normal en ese mundo pero ella no lo conocía en ese momento y con el tiempo se dio cuenta, que los hombres tenian miles de fantasías sexual es de muchísima imaginación y tabúes. Ella en ese momento le respondió :

-   QUIERES QUE VAYA YO CO TOGO EN EL COCHE, TE SAQUE UNA PISTOLA TASSER Y TE ROBE TODO Y TEDEJE EN LA CUNETA!!!

El no la contesto y quedaron in ningún tipo de fantasía y fueron grandes amigos. Con muchísimos de ellos hizo gran amistad.

Esto son muchas de las historias de Maite yo sentada inmóvil mientras sus relatos. Aquí queda.

Vuelvo a mi vida real y os comento, no sé si de esto es estar orgullosa o tal vez angustiada. Yo teniendo 15 años y como sabéis he vivido en el País Vasco en concreto en Pasaia. Tuve la oportunidad de juntarme con gente en esos momentos con gente de Renteria y se que allí vivía gente que ni conocía que era árabe. Pero una noche estábamos un par de parejas y uno de ellos, no se ni de que hablábamos, no lo recuerdo pero debía de ser de terrorismo.

Lo sufrimos en nuestras carnes con la E. T. A. Estábamos acostumbrados a correr con miedo a la policía y a los manifestantes, acostumbrados a ver cajeros y containers ardiendo en llamas y muchísimo caos.

Aquel día mi amigo me insinuó que había algo muchísimo peor que la E. T. A.

No habían ocurrido ni los atentados del 11 s. Tan si quiera era el año 1995 o así. Y ese amigo estaba en lo cierto La Yihad.

Pues fue cuando yo comencé, al mudarnos de pueblo, con los años ya en 2008 andar en Renteria. Y teniendo un novio formal tuve un arrebato y la curiosidad por la gente árabe me encoñe con un chico marroki de Casablanca, trabajador y con su coche muy bien vestido y muy guapo.

Él convivía con una familia de bolivianos, osea vivía en un piso patera compartía la habitación con el padre de los bolivianos. Entonces estábamos aquel día en el domicilio y el me preparaba una sorpresa.¿ Cual era?

Disponíamos de. La habitación del compañero de piso que era también marroki. Yo conocía a sus dos hermanos, él era la oveja descarriada. Entonces estábamos los tres en la cocina y mi chico me insistía que iría para la habitación que estaba la estufa encendida y todo, claro era pleno invierno. Yo tan a gusto en la cocina tomando mi vino que me preparo Rasit y el compañero me levanto el puño. Yo no entendía porque. Y fue cuando salto el automático y se fue la luz en toda la casa y yo agarrada a la botella de vino tinto. Vi como salían miles de llamas de la habitación donde yo debía estar. Quiero pensar que no fue nada provocado, pero quien realmente me salvo en esos momentos fue mi abuelo Ramón junto con la botella de vino y nuestra sangre de Cristo.

Sucedió el 11 s. también por desgracia el 11.m. En madrid: yo me encontraba sin dormir esa mañana y derrepente saltaron las noticias con el macabro atentado de atocha… múltiples bombas en trenes, en Madrid, ¡QUE Locura! Ni me separe del televisor y no daba crédito a lo que veía. El recuerdo que tengo era del presidente de España diciendo que no sabía si había sido un atentado de la E. T. A o uno de Yihadistas.

Recuerdo que en las pocas noticias que veía vi Aznar uniéndose a el triangulo de las Azores junto el presidente de E. E. U. U y el de Inglaterra. Hubo manifestaciones a raíz del atentado del 11m. Guitando *NO A LA GUERRA*. Los países que colaborarán con E. E. U. U. En la guerra de Irak estarían bajo la amenaza de sufrir atentados terroristas de la Yihad.

Fue entonces cuando sucedió el 11m. Lo tengo muy claro.

Pero ya estábamos con tranquilidad aparente eso parecía todos teníamos miedo a los trenes bolsos cualquier cosa sospechosa y fue entonces, recuerdo bien, viernes 13. Así se le llamó viernes negro en Francia, cuando estando viendo el televisor: derrepente se cortaron otra vez las emisiones y apareció París. Todo se narraba con cautela y sin entender que sucedía, en vivo y en directo. Decían haber tiroteado terrazas de cafeterías, sucedió lo del partido de fútbol. Ya yo no daba crédito y fue ya el Bataclan. Fue un genocidio aquello como corrían las personas, a ponerse a salvo. Escapaban del tiroteo, yo temblaba en casa no lo podía creer todavía. Mucho dolor, hoy es el día que no utilizo transporte publico y no termino de estar trankilo en ninguna terraza, me da miedo las discotecas, fiestas, aglomeración de gente, todo en realidad me da miedo.

Si y con el terror en el cuerpo mi chico trabajaba de conductor de autobuses y me había rega lado años atrás un camión echo de cerámica precioso, ponia en él, transportes LAILA.

Solía viajar a Francia yo pasaba miedo pero ya, ningún lugar era seguro y semanas antes de el atentado de NIZA, él había estado en el paseo done ocurrió aquel atentado con el camión el día de la fiesta de la patria. Hasta me había traído un imán del casino de NIZA.

Esto no puede seguir así. Me duele gente inocente muerta en las guerras de Oriente Medio, me duele los refugiados, me duelen las masacres de atentados..

Esto va a ver alguien capaz de pararlo.

Estando un día yo pasando Tres noches en un albergue una mujer se me acerco y era árabe ella y me insinuó y me quería unir a la Yihad en Francia o llegar a prostituirme para los terroristas. No me lo dijo con esas palabras pero yo la entendí. No la hice caso e hice la loca y con el tiempo me llamó para juntarme con un chico árabe que quería venirse para el País Vasco, no sé qué que intención de Francia. La ignore y con el tiempo me contaron que la detuvieron en Bilbao, no hace falta explicar el porqué.

Llevaba mucho tiempo jugando a las máquinas tragaperras de los bares, comencé a raíz de convivir con un chico que estaba enganchado. Yo por darle en los morros comencé a jugar hasta que se me fue de las manos y ya no podía parar.

Completamente unida y. Cansada de no ver beneficios y de que la gente me viera jugando y despilfarrando hasta lo que no tenía, se me ocurrió mirar en Internet. Todavía nose anunciaban los casino en la televisión. Cierto encontré una página de un casino llamado Lucía. Yo tenía 150€ en la cuenta bancaria y decidí ingresarlos y me dieron un bono de otros 150€.

Como no sabía jugar ni en lo que me metía decidí apostar 150€ al rojo y gane. Después seguí con el rojo y perdí hasta llegar a 900€ y retirarme, no sabía ni como se cobrar a ni nada de los datos que tenía que verificar ni nada de eso, pero conseguí hacerlo todo bien y los cobre.

Estuve durante un año jugandomelo todo y solo vivía para jugar online y si tuve premios guapos pero la mayoría era perder todo. Una noche me encontraba con una corazonada y no tenía dinero osea le suplique a Luis mi pareja que me prestará 40€ y le costó muchísimo dármelos. Entonces eran ya las 3 de la madrugada y comencé a jugar y daba resultado. Os preguntaréis el qué.

Habíamos estado durante meses estudiando a coupiers, direcciones de la bola, izquierda o derecha, puestos que ocupaba la bola, etc. Entonces yo saque una táctica de jugar y sí, daba resultado. Comencé con 40€ que se convirtieron en 100€, de ahí a 300€, 500€, 1000€ llegando a 3000€ cuando Luis entraba en la ducha y sin haber salido de ella todavía llegue a los 5000€. Así ya nadie podía pararme y llegue ha 33.000€. Fue cuando pare de jugar y decidí irme a casa de mis padres, allí continúe jugando de una manero muy difícil de perder, jugando a filas y columnas y color y conseguí llegar a 133.000€

Me nombraron la REINA DEL CASINO del 888.

Antes de explicar nada quiero decir que puedo beberme en una noche varias botellas de alcohol. Y solía consumir estupefacientes amenudo.

Lo que quiero contar fue trabajando en San Juan, llevaba ya varios años en esa empresa, la cual no voy a nombrar, y era un día especial , teníamos cena de empresa. Yo me encontraba feliz y encantada de reunirme con compañeros más amigos del jefe de allí de San Juan, entonces comenzamos la cena , todo iba bien , cenamos y después había una cantautora cubana famosa por la zona y comenzó a cantar tocando la guitarra y ami se me llenaron los ojos de lágrimas no recuerdo a quien tenía al lado sentada . Habia bebido simplemente dos copas de cava y algún orujo de hierbas y de ahí en adelante no recuerdo nada mas. Yo había ido en moto y solo recuerdo tambalearme y dirigirme al la cabina de teléfono y llamar ami en esos momentos mi pareja. Yo balbucea y le dice que iba ya para casa que me esperaría y me dirigí a coger la moto y entre los compañeros decían :

-	Ya va ser capaz de conducir así?

Y debí de conducir hasta casa de mis padres y cuando llegué volví a llamar a mi pareja y le dije que ya iba para casa . Esa noche no llegué a estar con él. Me quedé en casa de mis padres durmiendo y al día siguiente , me desperté como un día cualquiera y fui a trabajar.

La segunda vez que perdí la consciencia fue , un dia que tenía cena familiar y en aquellos momentos no consumía drogas y cenamos muy agusto a ser verdad y trayéndome mi madre a casa , me entraron las ganas de pillar un granito y tomar unas copas. Pues fui al pub de mis queridos amigos , llevaba días sin salir de noche. Solo recuerdo coger el gramo y dirigirme al baño y de ahí en adelante no recuerdo nada. Me habían servido el orujo de hierbas en vaso de tubo. Y cuando conseguí tener consciencia me encontraba en el puente que separa mi barrio del barrio de al lado , por donde debajo pasa el tren. Yo estaba sentada con mis cosas el vaso vacío en la mano. No sabía cómo aparecí ahiii. Después me encontraba torpe y lo primero que hice fue llamar a un amigo. Sin venir a cuento.

Cuando llegué a casa sentía molestias en el estómago. Pues yo creo que si , que me debieron de dar con una pistola taser. Porque al día siguiente fui con mis padres a urgencias después de estar al borde del infarto en el sofá y lo único que me dijeron los médicos, es que quería dormir. No tenía daño aparente.

Si hay que tener cuidado por donde se anda a las noches y hasta en los portales , igual la siguiente vez NO LO CUENTO.

Si SUFRÍ BOULING. Todo comenzó en segundo de bachiller. Mis padres se habían separado temporalmente. Yo lo pasé muy mal dejé de asistir a muchas clases , comencé a beber alcohol los fines de semana , comencé andar de discotecas y en las clases las pocas que asistía me ponía unos cascos en la oreja izquierda y no hacia absolutamente caso a la clase.

Pues ese año yo ni denuncié he hice caso omiso a la situación. El caso que yo como veía que mis amigas se echaban novios , al final yo comencé a salir con uno , el primero que tuve, que no me tocó ni el trasero . Pero que ocurría que este era la pareja oficial de una gitana del barrio y por lo visto yo se lo quité. Pues a raíz de aquello tuve amenazas de que me iban a pegar en el instituto y como no hacía más que salir de fiesta me dejaron toda la clase, osea los compañeros míos, se sentaron todos al otro lado de la clase , dejándome sola en el lado izquierdo. Tuve una compañera que no se separó de mi .

Yo tenía tal año ORRIBILIS que no me importaba nada ni un comino. Pues ese curso suspendí más de seis materias y alguna me aprobaron si haberme presentado al examen. En tercero de bup, todo volvió a su cauce.

Hola mi nombre es Felicidad.

Soy parte de la vida, de aquellos que creen en la fuerza del amor, que creen que una buena historia no puede tener fin.

Estoy casada , lo sabías? Estoy casada con el Tiempo.

Él es el responsable de la solución de todos los problemas. Él reconstruye corazones, él médica los heridos, él gana a la tristeza….

El Tiempo y yo, juntos, tuvimos 3 HIJOS:

AMISTAD, SABIDURIA Y EL AMOR….

Amistad es la hija mayor, una chica hermosa, sincera y alegre. Ella se une

A las personas, no tiene la intención de hacer daño, sino de CONSOLAR.

Luego está Sabiduria , culta, con principios Morales….ella es la más pegada a su padre, el Tiempo. Es como si Sabiduria y el Tiempo cambiasen juntos.

El más pequeño es Amor!!!

Ah, lo que me hace trabajar él!!

Es terco, a veces quiere vivir en un solo lugar… y a veces dice que ha sido

Diseñado para vivir en dos corazones y no en uno solamente.

Sí, mi hijo Amor es muy complejo. Cuando empieza a hacer daño, tengo que

Llamar a su padre, el Tiempo, para que cierre las heridas causadas por el hijo!!!

Una persona un día me dijo: " al final todo se arregla siempre, de una manera

U otra. Si las cosas aú no se han arreglado es porque todavía no hemos llegado al final."

Por eso te digo de tener confianza en mi familia.

Cree en mi marido Tiempo, en mis hijos Amistad , Sabiduría y sobre todo cree

En mi hijo Amor. Si tienes f en ellos, está seguro de que entonces yo,

Felicidad, un día tocaré a tu puerta!

Tú no te olvides de abrirme. Y recibirme con una sonrisa.### CANDI CANDI.

Por todas mis adoradas mujeres de cierta " edad"....Una gran parte de

Nosotras estamos pasando a la siguiente etapa de nuestras vidas. Estamos

En esa etapa en la que nos vemos las arrugas, las canas, los kilos de más. La

La menopausia ya se instaló o está esperando a la vuelta de la esquina. Vemos a

Las hermosas mujeres de 20 años y aspiramos recordando. Pero que no se

Nos olvide que nosotras también tuvimos , así como ellas algún día tendrán

Nuestra edad. Lo que ellas aportan a la vida con su juventud y energía,

Nosotras lo hacemos con nuestra sabiduría, experiencia y buen corazón.

Somos SUPERVIVIENTES de todo aquello que nos ha hecho ganar cada una de

Nuestras canas y arrugas....educar hijos, pagar cuentas, cuidar enfermedades y

De todo aquello que la vida nos ha dado durante los 30, 40, 50 o 60 años que

Tenemos de vida....somos MUJERES.

Somos como un automóvil clásico, o un buen vino. Si bien nuestro exterior

Puede no ser lo que antes fue, se ha transformado en el espíritu, coraje y

Fortaleza para entrar a este nuevo capítulo de nuestras vidas con la gracia

Y el orgullo por todo aquello , que hemos pasado y logrado. Nunca te sientas mal

Por madurar, es un privilegio que se les negó a muchos....###CANDI CANDI.

Somos estereotipos de la belleza y del inconformismo, a veces incluso de un mundo obsesivo.

Mujeres siempre perfectas , bien maquilladas , delgadas , pero con pecho y buenas curvas con

Estilo vistiendo, siempre intentando impresionar y gustar para ganar seguridad.

Si no tienen pecho, venden el Push UPS, si se muerden las uñas, les colocan las uñas de

Porcelana o de gel, si tienen barrita y no son deportistas, tienen las medias reductoras, si

Tienen el pelo fino o corto, las extensiones y así, un sinfín de engaños para perder la

Naturalidad....Por no hablar de los filtros fotográficos y los retoques de las aplicaciones....

¿ Y cuándo se miran en el espejo, realmente son capaces de ver toda la belleza que

Desprenden o se olvidaron de su desnudez, sin complementos que disfrazan a las personas?

Hombres compitiendo en un gimnasio , por levantar más peso que el compañero, con

Peinados de moda y ropa ajustada para mostrar su trabajo...

¿ Todo el esfuerzo, les hace sentir completos en su Soledad?

Esta bien cuidarse y mostrar buen aspecto, pero no para que los demás hablen resultado,

Si no , para sentirse uno mismo pleno.

La importancia de no tener celulitis , estar más delgad@ , o musculad@, de llevar el conjunto

Perfecto, cumplir los estereotipos marcados marcados, eso genera falsa seguridad, quiere si un

 día te apetece saltarte la dieta o no ir al gimnasio, si no estás perfectamente o a la moda

peinado , diviértete por cada paso al avanzar, quiere más allá de lo que dice la sociedad,

 aceptate , y cambia todo aquello que no sea de tu agrado, para sentir orgullo de ti, no para

recibir cumplidos y halagos de los demás. Somos carne con hueso, hagas lo que hagas, que no

se te olvide ser feliz y disfrutar....

MORDIENDO SONRISAS:

Nunka voy a poder asumir el nivel de deshumanización al que somos capaces de llegar

A veces, ni el hecho que podamos sentirnos tan superiores por el mero hecho, de

Haber nacido en un punto estratégico del mapa, sólo a sido cuestión de suerte. Me

Chirría oír tantas veces aquello de, " PUES QUE SE VAYAN A SU PAÍS ", como si estuvieras

Dando la respuesta evidente al fin de los suplicios.

Que suerte no haber tenido que emigrar.

Y que arrogante sentirnos en pleno derecho de cuestionar la lucha de los que sí.

Y me pregunto , sencillamente, que sabrás tu de sus países.

Y que sabrás tú, de miedo, si nunca has oído una bomba estallar, a escasos metros de

Tu casa, rezar para que la siguiente , no de, sobre tus hijos.

Si jamás has tenido que plantearte, la idea de subir a un bote a la deriva, siendo

Completamente consciente de lo que eso conlleva.

Si levantar la voz, para exigir una vida en condiciones , te supone un 50% de probabilidades

De acabar preso y otro 50% muerto.

Que sabrás tú, de rabia , si jamás has sentido el desprecio, impregnado en tu piel, por no ser lo

mismo que ellos.

Que sabrás de constancia , si jamás has tenido que aprender , un idioma nuevo desde el

principio.

De la importancia de ser pronto , analfabeto, cuando en casa quizás tenías un título

Universitario, o simplemente, la bendita opción de poder comunicarte.

Que sabrás de nostalgia, si no has estado a km. De papá y mamá, sino has sentido

La ausencia de los tuyos en noches frías de invierno. Si no te has perdido cumpleaños

, bodas , bautizos y graduaciones de las personas que más te importan, en el mundo, por

Andar lejos.

Que sabras tú, de frustración, si no te ha tocado dejar tu hogar a la fuerza para servir copas ,

Con un doctorado en el brazo, porque tu país no está en guerra pero desde luego, no importas

Lo suficiente.

Si no has tenido que pasar meses solamente con 20€ en la cuenta. Si no has restado noches

De sueño, por unas horas extras que te ayuden a llegar a fin de mes. Si no has trabajado con

Contratos precarios, en condiciones de semi- esclavitud. Has callado tantas veces, sobre tantos

Abusos, porque ese trabajo   es lo mejor que tenías.

Que arrogancia , subestimar el valor de quien se lanza , a por una vida digna, pese a las

 cuchillas , pese al mar, pese a la autoridad y las leyes. Pese a la soledad, el miedo

Y la incertidumbre.

Que cínico desprecia la lucha ajena, y no ser absolutamente consciente, de que en esta vida, todo vuelve.

Palabras de @ Biel working Class. " personas que tiene la habilidad de empatía muy desarrollada. Respecto…###CANDI CANDI.

Me gustaría que supieras una cosa acerca de la vida: que solo hay una. Y por eso mismo te escribo estas palabras, para qué intentes ser la mejor versión de ti misma. Cambia, pero siempre a mejor, siempre a creer como persona. Que no hay ningún problema que no se pueda solucionar. Que tenemos que conformarnos con lo que tenemos, porque no podemos ser perfectos, de hecho, ser imperfecta es lo que te hace original, te hace ser tu misma.

Ni podemos tenerlo todo, ni controlarlo todo. El tiempo pasa, y no podemos desaprobecharlo, no podemos desperdiciar lo. Tenemos que aprender a vivir de la mejor manera posible, y eso solo se consigue buscando la Felicidad.

Y , te preguntarás que donde la puedes encontrar . Que muchas veces te sientes incomprendida, te sientes sola.

Pues bien, es el momento en el que quiero que cojas un papel y bolígrafo y apuntes todo aquello que te hace sonreír, todo aquello que te hace bien. Tanto las personas, como aquella canción que te hace bailar, o el olor que desprende el mar cuando llegas a la playa. Quiero que lo hagas , porque quiero que recuerdes que tienes los suficientes motivos para ser, feliz. Que la vida no es fácil, y que si nos ponemos obstáculos es para hacernos aún más grandes de lo que ya somos. Para recordarnos a nosotros mismos que si se puede, y que podemos conseguir todo lo que nos propongamos.

Así que con esto sólo quiero que sepas, que la vida está llena de curvas y que, aunque te marees a veces, o quieras abandonar la carretera porque te da miedo seguir hacia delante, recuerda que siempre tienes mi apoyo incondicional y que siempre intentaré ayudarte para que esa carretera se vuelva más recta.### CANDI CANDI.

Sé tú misma siempre, nunca digas que sí, cuando realmente quieres decir nooo,

Vete con gente que te aprecie, que tu sientas que te quieren, jamás te arrastren hacer lo que

Hagan los demás, si tu no quieres hacerlo. No te sientas mal por no encajar, a lo mejor eres

diferente y un poco especial. No malgastes tu tiempo, en gente a la que no importas, no

merece la pena, porque la vida te pone a otras, tal vez mejores… La vida es muy corta,

Disfrutarás, reirás , llorarás, son reglas de la vida, nadie dijo que , la vida fuera fácil. Mejor

Planear lo justo y DISFRUTAD más del momento y de lo que la vida te ofrezca y muy

Importante que la gente no entiende de mí, mi soledad me encanta, mi momento, creo que

Es mucho mejor que rodearte de gente que tú crees equivocada. Eso sí es realmente triste.

Mi círculo me lo hago yo y no me lo imponen..### CANDI CANDI.

SE TU MISMA:

www.ingramcontent.com/pod-product-compliance
Lightning Source LLC
Chambersburg PA
CBHW081325250726
48662CB00008B/2753